This Book Belongs To

MANDALA
COLORING
PAGE 2

MANDALA
COLORING
PAGE 3

MANDALA
COLORING
PAGE 4

MANDALA
COLORING
PAGE 5

MANDALA
COLORING
PAGE 6

MANDALA
COLORING
PAGE 7

MANDALA
COLORING
PAGE 8

MANDALA
COLORING
PAGE 9

MANDALA
COLORING
PAGE 10

MANDALA
COLORING
PAGE 11

MANDALA
COLORING
PAGE 12

MANDALA
COLORING
PAGE 13

MANDALA
COLORING
PAGE 14

MANDALA
COLORING
PAGE 15

MANDALA
COLORING
PAGE 16

MANDALA
COLORING
PAGE 18

MANDALA
COLORING
PAGE 19

MANDALA
COLORING
PAGE 20

MANDALA
COLORING
PAGE 21

MANDALA
COLORING
PAGE 22

MANDALA
COLORING
PAGE 23

MANDALA
COLORING
PAGE 24

MANDALA
COLORING
PAGE 25

MANDALA
COLORING
PAGE 26

MANDALA
COLORING
PAGE 28

MANDALA
COLORING
PAGE 29

MANDALA
COLORING
PAGE 30

MANDALA
COLORING
PAGE 32

MANDALA
COLORING
PAGE 33

MANDALA
COLORING
PAGE 34

MANDALA
COLORING
PAGE 35

MANDALA
COLORING
PAGE 36

MANDALA COLORING PAGE 37

MANDALA
COLORING
PAGE 39

MANDALA
COLORING
PAGE 41

MANDALA
COLORING
PAGE 42

MANDALA
COLORING
PAGE 46

MANDALA
COLORING
PAGE 47

MANDALA
COLORING
PAGE 49

MANDALA
COLORING
PAGE 50

MANDALA
COLORING
PAGE 52

MANDALA
COLORING
PAGE 54

MANDALA
COLORING
PAGE 55

MANDALA
COLORING
PAGE 56

MANDALA
COLORING
PAGE 58

MANDALA
COLORING
PAGE 59

MANDALA
COLORING
PAGE 60

MANDALA
COLORING
PAGE 62

MANDALA
COLORING
PAGE 64

MANDALA
COLORING
PAGE 68

MANDALA
COLORING
PAGE 71

MANDALA
COLORING
PAGE 73

MANDALA COLORING PAGE 74

MANDALA COLORING PAGE 76

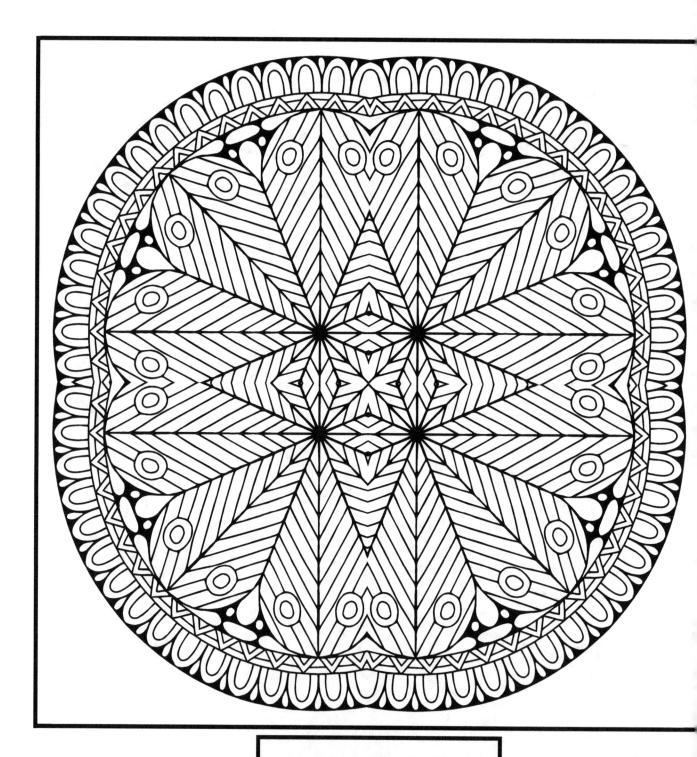

MANDALA
COLORING
PAGE 77

MANDALA
COLORING
PAGE 80

MANDALA
COLORING
PAGE 83

MANDALA
COLORING
PAGE 84

MANDALA
COLORING
PAGE 86

MANDALA
COLORING
PAGE 88

MANDALA COLORING PAGE 91

MANDALA COLORING PAGE 92

MANDALA COLORING PAGE 93

MANDALA
COLORING
PAGE 95

MANDALA COLORING PAGE 96

MANDALA
COLORING
PAGE 98

MANDALA
COLORING
PAGE 100

MANDALA
COLORING
PAGE 101

MANDALA
COLORING
PAGE 102

MANDALA
COLORING
PAGE 103

MANDALA
COLORING
PAGE 104

MANDALA
COLORING
PAGE 105

MANDALA
COLORING
PAGE 106

MANDALA
COLORING
PAGE 107

MANDALA
COLORING
PAGE 108

MANDALA
COLORING
PAGE 110

MANDALA COLORING PAGE 111

MANDALA
COLORING
PAGE 112

MANDALA
COLORING
PAGE 113

MANDALA
COLORING
PAGE 114

MANDALA COLORING PAGE 115

MANDALA
COLORING
PAGE 116

MANDALA
COLORING
PAGE 117

MANDALA COLORING PAGE 118

MANDALA
COLORING
PAGE 119